Stefan Laszlo

Ursprung und Entwicklung des kanonischen Zinsverbotes von der mosaischen Gesetzgebung bis zur Reformation

GRIN Verlag

Bibliografische Information der Deutschen Nationalbibliothek:

Die Deutsche Bibliothek verzeichnet diese Publikation in der Deutschen National-
bibliografie; detaillierte bibliografische Daten sind im Internet über http://dnb.d-
nb.de/ abrufbar.

Impressum:

Copyright © 2001 GRIN Verlag GmbH
Druck und Bindung: Books on Demand GmbH, Norderstedt Germany
ISBN: 978-3-640-86024-1

Justus-Liebig-Universität Gießen
Fachbereich Neuere Geschichte
SoSe 2001
Grundseminar:
Geschichte des europäischen Bankenwesens im 18. und 19. Jahrhundert

Hausarbeit zum Thema:

Ursprung und Entwicklung
des kanonischen Zinsverbotes
von der mosaischen Gesetzgebung
bis zur Reformation

vorgelegt am 29-09-01
von:

Stefan Laszlo

Fächerkombination:
Geschichte und Sozialkunde
für das Lehramt an Gymnasien
1. Semester

Inhaltsverzeichnis

I.   Einleitung

Die vorliegende Arbeit betrachtet den Ursprung und die Entwicklung des kanonischen Zinsverbotes, ausgehend von der Zeit der mosaischen Gesetzgebung bis hin zur Reformation. Anhand der für die jeweiligen Epochen charakteristischen Personen und Ereignisse soll aufgezeigt werden, welche Begründungen dem kanonischen Zinsverbot zugrunde gelegt wurden, wie es zu seiner Benennung kam und wie es schließlich Gesetzeskraft erlangte. Die Tatsache, dass sich das Zinsverbot über Jahrhunderte hinweg als vitales Diskussionsmoment behauptet hat, anstatt als statische Gesetzesvorlage "endgültigen" Charakter zu erlangen ist sicherlich auch dem Wandel der Zeit gerade in wirtschaftlicher Hinsicht zu verdanken. Neben diesem Aspekt soll am Ende der Arbeit auch der heutigen Sicht des Zinsverbotes kurz Raum gegeben werden. Erklärend anzumerken bleibt die fast durchgängig synonyme Verwendung der Begriffe Zins und Wucher, derer sich fast alle der nachfolgend behandelten Personen und Institutionen bedienen.

II.   Teil

2.1   Das kanonische Zinsverbot

2.1.1   Die biblischen Wurzeln

Die älteste Quelle eines Zinsverbotes, oder wie es Siegfried G. Schoppe formuliert, Zinsbeschränkungsgebotes[1], findet sich im Alten Testament. Dort heißt es in Ex. 22, 24 a: "wenn du Geld verleihst an einen aus meinem Volk, an einen Armen neben dir, so sollst du an ihm nicht wie ein Wucherer handeln; du sollst keinerlei Zinsen von ihm nehmen." Es versteht sich eigentlich von selbst, an der Not eines Bruders oder einer Schwester nicht noch mitzuverdienen. Allerdings setzt diese Ethik im allgemeinen enge verwandt- oder freundschaftliche Beziehungen unter den betroffenen Personen voraus. Das Israel zur Zeit der Entstehung des Zinsverbotes hingegen war ein loser Bund von miteinander verwandten Stämmen, die zwar aufgrund ihrer Stammeszugehörigkeit und verschiedenen Bündnissen[2] einander zu Loyalität und Hilfsbereitschaft verpflichtet

---

[1] Schoppe, Siegfried G., Kanonisches Zinsverbot und wirtschaftliche Entwicklung, in: G. Gutman, A. Schüller (Hg.), Ethik und Ordnungsfragen der Wirtschaft, Baden-Baden 1989, S. 157

[2] vgl. Werner, Klaus, Das israelische Zinsverbot, in: J. Heil, B. Wacker (Hg.), Shylock ? Zinsverbot und Geldverleih in jüdischer und christlicher Tradition, München 1997, S. 14

waren, als wichtigstes Bindeglied jedoch die Religion (i.e. die Torah) benötigten, die durch ihren normativen Charakter gesetzgebende Kraft für alle war. Die Torah versucht, "die sozialen und wirtschaftlichen Mißstände zu mildern und Hilfsbedürftige vor der äußersten Not zu bewahren. Dementsprechend wird das Zinsverbot sowohl mit dem Gebot der Nächstenliebe wie auch mit der Gottesfurcht begründet."[3]

Wie andere Stellen der Bibel jedoch aufzeigen, wurde das Zinsverbot nicht so rigide eingehalten, wie es das mosaische Gesetz forderte. Zum Vergleich sei hier auf eine eine Stelle aus Hesekiel 22,12 verwiesen, wo es heißt: "Du nimmst Zinsen und Aufschlag und suchst unrechten Gewinn an deinem Nächsten mit Gewalt – und mich vergisst du, spricht Gott der Herr."

Während zur Zeit der Richter und in der frühen Königszeit das israelische Volk eine überwiegend agrarisch geprägte Gesellschaft war, und der Handel in den Händen der Nachbarvölker der Kanaanäer, Philister oder Phönizier lag, haben sich die Juden im Laufe der Zeit und speziell im fünften und sechsten Jahrhundert n. Chr. den kommerziellen Gepflogenheiten der Nachbarstaaten Ägypten und Babylonien angepasst. Sie betrieben nicht mehr ausschließlich Ackerbau und Viehzucht, sondern zeigten sich als Handwerker, Arbeiter, Seeleute und eben auch als Händler und Geldverleiher tätig.

Das mosaische Gesetz benennt an mehreren Stellen die expliziten Weisungen der Bibel zum Zinsnehmen. Von Fremden Zinsen zu verlangen gestattet die Torah ausdrücklich, wie Deut. 23, 20-21 beweist: "Von dem Ausländer darfst du Zinsen nehmen, aber nicht von deinem Bruder, auf dass dich der Herr, dein Gott, segne in allem, was du unternimmst in dem Lande, dahin du kommst, es einzunehmen."

Es ist also deutlich zu erkennen, dass das Zinsgebot für das jüdische Volk bereits lange bindenden Charakter hatte, bevor es im christlichen Abendland in Form des kanonischen[4] Zinsverbotes Gestalt und Weisungskraft erhielt.

Die christlichen Kanoniker stützten sich in ihrer Argumentation aber nicht nur auf Stellen des Alten Testaments. Eine neutestamentliche Stelle sollte für die Begründung des Zinsverbotes die grösste Bedeutung erlangen: Lukas 6, Vers 34-35. Hier spricht Jesus zuerst eine Ermahnung aus: "Wenn ihr nur denen etwas leiht, von denen ihr es zurückzubekommen erhofft, welchen Dank erwartet ihr dafür ? Auch Sünder leihen Sündern in der Hoffnung, alles zurückzubekommen", um dann in Vers 35 den

---

[3] ibd.
[4] "kanones" heißen nach altgriechischem Sprachgebrauch die kirchlichen Richtlinien.

"zinsverbietenden Imperativ" für alle Gläubigen zu formulieren: "Tut Gutes und leiht, wo ihr nichts dafür zu bekommen hofft."

"Die lukanische Forderung, nichts zu erhoffen – bei gleichzeitiger Stigmatisierung des Verleihers als Sünder – hat über lange Zeit das Zinsnehmen im Christentum verunmöglicht, zumal die Vorschriften der Bibel recht früh schon Rechtscharakter erhalten sollten."[5]

Erst in der Reformation sollte dieses Bibelwort eine andere Deutung bekommen, worauf an anderer Stelle dieser Arbeit noch eingegangen wird.

2.1.2   Die antike Welt

Auch die Denker und Herrscher der hellenistischen bzw. römischen Welt hatten Einfluß auf das kanonische Zinsverbot. Insbesondere die aristotelische Theorie von der Unfruchtbarkeit des Geldes, die dem Geld ausschließlich die Funktion eines Tauschmittel zuweist und es als unnatürlich ansieht, wenn das Geld, welches lediglich zur Erleichterung des Warenumschlages entstanden ist, sich auch noch selbst vermehren sollte[6], zeigte besonders auf die Scholastiker eine grosse Wirkung.

Für Schoppe eine glatte Überinterpretation, wie er mit Hinweis auf die von Aristoteles vertretene Meinung zum Zinsnehmen in dessen "Nikomachischer Ethik" ausführt.[7]

Im römischen Recht war der Zins zwar erlaubt, allerdings gibt es Regelungen für die Höhe des Zinssatzes und der Zinseszins war gänzlich verboten. Es sind die Massnahmen einzelner gewesen, die von der Nachwelt zur unterstützenden Begründung des Zinsverbotes angeführt wurden.[8] Der Grundlage des römischen Rechts entsprang auch der *Corpus Iuris Civilis* des Kaisers Justinian, in dem er im Jahre 553 n. Chr. einen Zinstarif vorgibt, der bis zur Zeit Karls des Großen Gültigkeit hatte und der die Ständeordnung seiner Zeit berücksichtigte: es gestattet Kaufleuten acht Prozent, Nicht-Kaufleuten sechs Prozent und sogenannten illustren Personen vier Prozent Zinsen anzunehmen.[9]

---

[5] Kloft, Matthias T. , Das christliche Zinsverbot, in: J. Heil, B. Wacker (Hg.), Shylock ? Zinsverbot und Geldverleih in jüdischer und christlicher Tradition, München 1997, S. 23
[6] Jünger, Eberhard, Gewinn im Himmel und auf Erden, Zeitschrift für Theologie und Kirche, 94. Jahrgang, Tübingen 1997, S. 532-552
[7] Schoppe, Kanonisches Zinsverbot und wirtschaftliche Entwicklung, S. 159
[8] Ramp, Ernst, Das Zinsproblem, Zürich 1949, S. 34
[9] Schoppe, Kanonisches Zinsverbot und wirtschaftliche Entwicklung, S. 160

2.1.3 Die Meinung der Kirchenväter

Die Epoche der Patristik ist vor allem durch Augustinus (354-430), Ambrosius (340-397) oder Chrysotomus (344-407) geprägt worden. Aber auch die weniger berühmt gewordenen Kirchenväter der vornizäischen Zeit wie Clemens Alexandrinus, Origines oder Tertullian haben sich mit der Zins- und Wucherfrage auseinandergesetzt. Clemens Alexandrinus beispielsweise begründete das Verbot mit dem Alten Testament, dass es nicht erlaube vom "Bruder" Zins zu nehmen. Für ihn ein Gebot von Bedeutung, da es sich für seine Begriffe bei allen Christen um Brüder handele. Tertullian verwies als erster auf Lukas 6, 34/35 um zu zeigen, dass den Christen das zinsbringende Ausleihen von Geld gänzlich verboten ist. Zusammenfassend muss aber gesagt werden, dass sich die Ausführungen der vornizäischen Kirchenväter zur Begründung des Zinsverbotes nicht sehr ausführlich ausnehmen. Ein Umstand der den weitaus wichtigeren Geschehnissen ihrer Zeit Rechnung trägt.[10]

Bevor nun Augustinus oder Chrysotomus ihre Auslegung und Begründung des Zinsverbotes formulieren, kommt es auf verschiedenen Konzilen zu einer Aufnahme des Zinsverbotes in die zeitgenössischen Rechtsquellen. Den Beginn macht die gesamtspanische Synode von Elvira im Jahre 306, die das Thema des Wuchers in zwei Kanones definiert.[11] Das bezüglich seiner Folgewirkungen bedeutendste Konzil ist jenes von Nikaia (325). Auf der Grundlage von Psalm 14, 5 heißt es dort: "Weil viele, die im Klerikerstand stehen, Habsucht und unsittlichen Gewinn erstreben, und da sie vergessen haben, daß die Heilige Schrift sagt >Der sein Geld nicht auf Zins ausleiht, darf wohnen in deinem Zelt < und Darlehen ausgeben, (...), beschließt mit Recht die heilige und große Synode, daß der, bei dem man nach dieser Festsetzung entdeckt, daß er Wucher annimmt... oder sich etwas anderes wiederum ausdenkt um des unsittlichen Gewinnes willen, aus dem Klerus ausgeschlossen wird (...)."[12]

Wie unschwer zu erkennen ist, bezieht sich die Forderung des Konzils von Nikaia ausschließlich auf Kleriker. Obwohl man sich aufgrund der biblischen Argumentation darüber im Klaren sein musste, dass das Zinsverbot für alle zu gelten habe, wurden Privatleute von dem Verbot ausgenommen. Als Hintergrund für diese Inkonsequenz kann der begrenzte Handlungsrahmen der Kirchen bezüglich der Ahndung von Vergehen gegen das Zinsverbot genannt werden. Diese konnten die Kirche nämlich nur

---

[10] Landner, Josef, Das kirchliche Zinsverbot und seine Bedeutung, Graz und Wien 1918, S. 33
[11] Kloft, Das christliche Zinsverbot, S. 23
[12] zitiert nach: Kloft, Das christliche Zinsverbot, S. 24

dann verfolgen, wenn es ihnen möglich war, die Prozesse über die entsprechenden Geschäfte vor ihr Forum zu ziehen. Dies war gegenüber Laien bedeutend schwieriger als gegenüber Klerikern.[13] Erst die vierte Synode von Karthago (348), die sich zwar in erster Linie auch an Kleriker richtete, nahm die Laien vom Zinsverbot nicht mehr aus.[14] Der später in höchster geistlicher Autorität stehende Augustinus konnte sich also zur Zeit seines Wirkens bereits auf grundlegende Rechtssprechungen seitens des Klerus stützen, wobei ihm natürlich auch die Forderung aus Lukas 6, 35 bekannt war. Neu ist bei ihm jedoch die Schärfe, mit der er das Zinsverbot verteidigte und einforderte. Mit dem Hinweis auf eine Stelle im ersten Korintherbrief (1. Kor. 6,10) führt er aus, dass Zinsnehmer gänzlich vom Himmelreich auszuschließen seien, weil der Wucher ganz und gar gegen Gottes Willen ist.[15] Für Chrysotomus gesellte sich zur biblischen Argumentation auch die Vernunft; "beide verbieten es, mehr zu fordern, als man gegeben, und eine größere Schuldsumme sich zurückzahlen zu lassen, als man vorgestreckt hat."[16]

Eine den Stand der Kleriker übersteigende gültige Rechtsnorm erhielt das Zinsverbot zum ersten Mal in England, wo 786 auf zwei Konzilen ein allgemeines Zinsverbot angenommen wurde. Eine Entwicklung die sich auch im fränkischen Reich abzeichnete. Karl der Große ließ 789 ein allgemeines Zinsverbot verabschieden. Die sogenannte *Admonitio generalis* stützt sich im Wesentlichen auf das Konzil von Nikaia, trug das Zinsverbot aber viel weiter und verlieh somit schließlich dem ersten sowohl für Kleriker - nachdem es im selben Jahr von der Aachener Reichssynode als für die Kirchen verbindlich erklärt wird - als auch für Laien verbindlichen Zinsverbot Rechtsnorm. Die Strafen die zur Ahndung des Verstosses angedroht und verhängt wurden waren vielfältig. Die Suspendierung der Kleriker von all ihren Ämtern und Begünstigungen, das Versagen von Beichte und Abendmahl für Laien, der öffentliche Verkauf von mit "wucherlichem Gelde" erkauften Besitztümern und die Ausweisung von fremden Wucherern aus dem Lande sollen als Beispiele genannt werden.[17]

---

[13] Neumann, Max, Geschichte des Wuchers in Deutschland bis zur Begründung der heutigen Zinsgesetze 1654, Halle 1865, Nachdruck Leipzig 1965, S. 8
[14] allerdings findet sich bei Ernst Ramp der Hinweis, dass bereits auf der Synode von Elvira auch den zinsnehmenden Laien die Exkommunion angedroht wurde.
[15] Landner, Das kirchliche Zinsverbot und seine Bedeutung, S. 36
[16] Landner, Josef, S. 35
[17] Neumann, Geschichte des Wuchers in Deutschland bis zur Begründung der heutigen Zinsgesetze 1654, S. 23

Abschließend kann gesagt werden, dass die Kirchenväter den moraltheologischen Grundstein für die weitere Auseinandersetzung mit dem Zinsverbot – die in der Scholastik beherzt aufgegriffen wird – fest verankert hatten.

2.1.4 Die Beurteilung des Zinsverbotes durch die Scholastik

Die Scholastiker zeichneten sich zum einen dadurch aus, dass sie die von den Kirchenvätern vorgenommene Ablehnung des Zinses übernahmen, zum anderen aber auch dadurch, dass sie versuchten, diese Ablehnung umfassender und besser zu begründen. Die Scholastiker bemühten dabei neben der reinen biblischen Theologie auch die Philosophie, mittels derer sie versuchten die christliche Offenbarung "tiefer zu verstehen und ihre Inhalte in einem einheitlichen System zusammenzufassen."[18] Die Zeit der Frühscholastik (9. bis 12. Jahrhundert) brachte neben weiteren Konzilen, die das Zinsverbot auf immer breiterer Ebene in die allgemeine Rechtssprechung aufnahmen auch die endgültige Benennung des *kanonischen* Zinsverbotes als solchem. Dafür sorgte ein Mönch aus Bologna namens Gratian (1100-1178), der die erste systematische Zusammenfassung aller Regelwerke seit dem 3. Jahrhundert vorlegte. Das Werk, das sowohl die Lehrmeinungen der Kirchenväter als auch die Ergebnisse der verschiedenen Konzile berücksichtigte, wurde zum Fundament für das *Corpus Juris Canonici* (cic), dem allgemeinen kanonischen Recht.

Im 13. Jahrhundert wurde die kanonistische Diskussion um einen dem römischen Recht entnommenen Zusatz bereichert. Dem Werk des eingangs erwähnten Gratian entnahm man den Kerntext dieser Erweiterung. Dieser sprach von dem Konstrukt des "gerechten Preises" (*iustum pretium*), der einen Geldverleiher davon abhalten sollte, sich an das Einfordern des *turpe lucrum* (dem unsittlichen Gewinn) zu gewöhnen. Dieser Gedanke wurde von Huguccio (1188-1190) dahingehend erweitert, dass er die Verbesserung einer Ware durch Bearbeitung ins Auge fasste. Den durch diese Arbeit entstandenen Mehrwert eines Produktes konnte man ohne weiteres in einem höheren Preis (dem *iustum pretium*) abschöpfen. Wer aber eine Ware kaufte und sie ohne deren Bearbeitung teurer verkaufte, der gab sich dem Wucher (bzw. dem *turpe lucrum*) hin. Huguccio dagegen schwebte vielmehr ein *lucrum moderatum* vor, den er den Händlern unter den genannten Bedingungen zugestand.

---

[18] Schoppe, Kanonisches Zinsverbot und wirtschaftliche Entwicklung, S. 161

Die grösste theologische Autorität der Epoche kommt zweifelsohne dem Hochscholastiker Thomas von Aquin zu, der in der Wucherfrage dem von Gratian vorgeschlagenen *iustum pretium* einiges abgewinnen konnte.[19] Der Schluß, Thomas von Aquin als einen moderaten Vertreter des Zinsverbotes zu bezeichnen, kann daraus aber nicht gezogen werden. Denn Aquino war es, der u.a. in seiner "Summa Theologica" die umfassendste scholastische Fundierung des Zinsverbotes lieferte. Folgende Argumente gegen das Zinsnehmen, das die Scholastiker mit dem Wucher gleichsetzten, brachte er zum Ausdruck. Zunächst und wie schon viele vor ihm führte auch er die eingängigen Bibelstellen zum Zinsnehmen ins Felde. Auch der Verweis auf Aristoteles hat nichts Revolutionäres an sich. Für Thomas bestand kein Zweifel an der Annahme, dass Geld lediglich die Funktion eines Tauschmittels hat. Und "wenn nun (in der damals vorherrschenden Form des Konsumentenkredites) Geld verliehen wurde, dann ging das Geld quasi mit dem Verzehr dieser Güter unter. Wer über die Rückgabe hinaus noch einen Zins forderte, glich nach Meinung der Kirchenlehrer jemanden, der sich beim Verkauf von Wein zusätzlich noch den Verzehr des Weines bezahlen ließe (...)." [20]

Um dieses Argument zu begründen nahm Thomas von Aquin die Unterscheidung *sämtlicher* Güter in fungible und nicht fungible Güter vor. Unter nicht fungiblen Gütern verstand er Güter, bei denen Gebrauch und Verbrauch nicht gleichsetzbar sind, wie beispielsweise Haus und Acker. Fungible Güter hingegen sind Güter deren Gebrauch im Verbrauch besteht wie eben Geld, Wein oder Nahrungsmittel.[21]

Doch Thomas von Aquin erkannte auch die Produktivität des Kapitals an und war hier zu Konzessionen bereit, wie seine Zustimmung zum o.g. Prinzip des *iustum pretium* beweist.

Das zeugte auch von einer gewissen Anpassung an die sich wandelnde wirtschaftliche Situation im Hochmittelalter, die sich unter anderem durch die Verdrängung des Konsumptivkredites durch das Kapitaldarlehen (oder auch Produktivkredit) und der Entwicklung des Geldes zum Produktionsfaktor auszeichnete. Desweiteren entstanden

---

[19] vgl. Kloft, Das christliche Zinsverbot, S. 30
[20] Schoppe, Kanonisches Zinsverbot und wirtschaftliche Entwicklung, S. 163
[21] vgl. auch: Klein, Ernst, Deutsche Bankengeschichte Bd. 1: Von den Anfängen bis zum Ende des alten Reiches (1806), Frankfurt a. Main 1982, S. 27

im kirchlichen Recht auch andere Umgehungsformen des Zinsverbotes, wie z.b. der Rentenkauf, der Pfandkauf oder fingierte Gesellschaften.[22]

In der Zeit der Spätscholastik (14. bis 15. Jahrhundert) wurden weitere Veränderung fast schon gesellschaftlich notwendig, da sich gegen Ende des 13. Jahrhunderts der Geldhandel in Europa ausbreitete. Die Lombarden, Kaufleute italienischer Abstammung, ließen sich in Nordeuropa nieder und betrieben dort ihr Hauptgeschäft: den Geldverleih. Sie reagierten damit auf die Nachfrage in Ländern wie Frankreich oder Flandern (wo die Lombarden als Christen Geldhandel betrieben), die dort anfangs vor allem von Grundbesitzern getragen wurde. Ein Jahrhundert später gehörten alle Stände zu den Kunden der Lombarden. Diese Entwicklung kommentierend, bemerkt Matthias Kloft sehr richtig, dass mit der "langsam höher entwickelten Form von Geldleihe unter Christen auch ein veränderter rechtlicher und moralischer Umgang mit dem Zins nötig war"[23]

Dies brachte die Spätscholastiker, genannt seien hier etwa Oresimus (1320-1382) und Antonius von Florenz (1389-1459) in den Konflikt, zwischen dem Bestreben das bisherige Zinsverbot aufrechtzuerhalten und sich andererseits aber auch an die neuen gesellschaftlichen Verhältnisse anzupassen, zu entscheiden. Denn mittlerweile war das kanonische Zinsverbot in das weltliche Recht eingegangen und Bestandteil des Sachsen-, Schwaben- und Deutschenspiegels geworden. Doch wurde es nicht mit der ihm dadurch zur Verfügung stehenden Gesetzeskraft geahndet, weil sich die wirtschaftliche Entwicklungen in den Städten nicht mit einer derart rigorosen Gesetzgebung vertragen konnte. Die daraus von der Kirche gezogenen Konsequenzen bestanden zum einen in einem festen Verschließen der Augen vor den Tatsachen und zu anderem in einem Erlassen von Ausnahmeregelungen, deren Anzahl und Umfang "länger war als die Gesetzestafeln des Mose."[24] Als Beispiele seien die folgenden genannt, die auch einen Einblick in den Erfindungsreichtum der Verantwortlichen gewähren.

1. Der Zins wird als Mietzins gezahlt
2. Der Darlehnsnehmer quittiert über eine höhere als die wirklich erhaltene Summe

---

[22] vgl. Frost, Herbert: kanonisches Zinsverbot, in: E. Fahlbuch u.a. (Hg.), Evangelisches Kirchenlexikon, Göttingen 1989, Bd. 2, S. 934 f.
[23] Kloft, Das christliche Zinsverbot, S. 31
[24] Schoppe, Kanonisches Zinsverbot und wirtschaftliche Entwicklung, S. 165

3. Kreditgeschäfte werden über ausländische Währungen abgewickelt, der Wechselkurs zugunsten des Gläubigers angesetzt.[25]

Den Denkern der Reformation, die das Zinsproblem ganz unterschiedlich angingen, bot sich in der ausgehenden Epoche der Scholastik also ein durchaus zerklüftetes Bild.

2.1.5 Das Zinsproblem in der Reformationszeit

Die Diskussion um das kanonische Zinsverbot wurde in der Reformation sehr ernsthaft weitergeführt und war fester Bestandteil der reformatorischen Lehre(n).

Beginnnen will ich mit Martin Luther (1483-1546), der sich trotz der seit der Spätscholastik immer zahlreicher werdenden Ausnahmeerscheinungen zunächst für eine sehr strenge Auslegung des Zinsverbotes eingesetzt hat. In seinen in den zwanziger Jahren des 16. Jahrhunderts erschienenen Schriften zur Wucherfrage (analog zu den meisten Scholastikern setzte auch er den Wucher mit dem Zins gleich) verfolgte er einerseits das Ziel, seine Mitchristen über den Wucher und seine Umgehungsgeschäfte aufzuklären, anderseits aber auch die Aufforderung sich gar nicht erst auf Wuchergeschäfte einzulassen. Luthers theologische Begründung findet sich in Matthäus 6, 24: "Ihr könnt nicht Gott dienen und dem Mammon". Denn was Luther primär hinter dem Zinsproblem sah, war der "christusfeindliche Geist des Geizes, der Mammon-herrschaft."[26] Aber er verweist ebenso auf die Praktiken im alten Rom und auch das klassische Argument des Aristoteles fehlt bei ihm nicht.[27]
Argumentationsgrundlage war Luther darüber hinaus die Bergpredigt Jesu, von der aus er die Wirtschaftsgesinnung eines Christen in drei Grundforderungen zusammenfasste:

1. Bereitschaft zum Leiden bei Verlust irdischer Güter
2. die bedingungslose Barmherzigkeit
3. die Pflicht zur Gewährung von Darlehen[28]

Die Reihenfolge macht klar, welchen Stellenwert Luther dem finanziellen Aspekt im Leben eines Christen zuwies. Dabei steht er ganz in der Tradition der Kirchenväter,

---

[25] ibd., 166 f.
[26] Ramp, Das Zinsproblem, S. 23
[27] Jünger, Gewinn im Himmel und auf Erden, S. 539
[28] Ramp, Das Zinsproblem, S. 24

denn auch er nahm keine Unterscheidung zwischen Konsumptiv- und Produktivkrediten vor.

Einige seiner Zeitgenossen schlugen hier moderatere Töne an, wie beispielsweise der sich Luther auch bei anderen Gelegenheiten widersetzende Kontroverstheologe Johannes Eck [29] und auch der von Luther so geschätzte und der eng mit ihm zusammenarbeitende Phillip Melanchthon vertrat nicht nur liberalere Ansichten, sondern setzte sich mit seinen großzügigen Anschauungen schließlich in der lutherischen Kirche durch. [30]

Luther beharrte ebenfalls nicht verbissen auf dem absoluten Zinsverbot. Auch er machte Zugeständnisse und setzte sich beispielsweise für den sogenannten "Notwucherlin" ein. Diesen "barmherzigen Wucher" billigte er Kleinrentnern, Alten, Witwen und Waisen zu; ihnen, die neben ihren Ersparnissen keine Einkunftsmöglichkeiten hatten, sollte dadurch die Möglichkeit gegeben werden, eben diese zinstragend auszuleihen. Mit dieser versöhnlich anmutenden Konzession will ich die Ausführungen über Luther beschliessen und zu einem anderen Ideengeber der Reformation kommen.

Der Schweizer Pfarrer und Reformator Huldrych Zwingli (1484-1531) folgt Luther nicht nur in Kernfragen seiner Theologie [31] sondern auch in puncto Zinsverbot dessen (ursprünglich) strenger Sicht. Er übernimmt jedoch nicht einfach Luthers Meinung, sondern erarbeitet einen eigenen Begründungsansatz heraus, der in nuce vorgestellt werden soll. Voranzustellen ist dabei die Bemerkung, dass auch Zwingli gemäß den Verhältnissen seiner Zeit keine scharfe begriffliche Unterscheidung zwischen "Zins" und "Wucher" vollzieht. [32] Das Wucherproblem führt Zwingli zur Eigentumsfrage. Unter Hinweis auf Psalm 24,1 liegen die universalen Eigentumsverhältnisse für ihn klar auf der Hand; die Erde und ihr Ertrag gehören Gott. Dem Menschen aber ist es gestattet dieses Eigentum unentgeltlich zu besitzen und zu genießen. Diesen ursprünglichen Zustand haben die Menschen jedoch dahingehend verändert, dass sie Gottes Eigentum als ihren Besitz erklärten. Was ihnen Gott frei gab, machten sie zu menschlichen Privatbesitz. Daraus formulierte Zwingli die Forderung, "dass, wie uns Gott das Erdreich und seine Früchte frei gibt, ohne unser Bezahlen, wir es also auch frei lassen

---

[29] Kloft, Das christliche Zinsverbot, S. 32
[30] Jünger, Gewinn im Himmel und auf Erden, S. 542, vgl. auch den Aufsatz von Sohm, Walter, Die Soziallehren Melanchthons, Historische Zeitschrift, Bd. 115, München und Berlin 1916
[31] Scherzer, Hans-Karl, Martin Luther, in: Klassiker des politischen Denkens, München 2001, S. 153
[32] Ramp, Das Zinsproblem, S. 71

sollen."[33] Der Mensch hat also kein Recht, den ihm "kostenlos" anvertrauten Besitz gegen Zins auszuleihen.

Zwingli bemüht aber auch die für die gesamte Geschichte des Zinsverbotes so wichtige Bibelstelle aus Luk. 6, 34/35. Sie hat für ihn nichts an verbindlicher Bedeutungskraft verloren. Für ihn ist das Jesu-Wort Gebot, dass ein Christ zu halten habe. "Aus dieser doppelten Begründung, einerseits aus seinem biblischen Eigentumsbegriff, andererseits entsprechend dem Gebote Christi, aus Liebe bereitwillig zu leihen, schließen sich bei Zwingli Christsein und Zinsnehmen grundsätzlich aus." [34] Die von Zwingli vorgebrachten Alternativen zum Wucher sind unter anderem die unter dem Einfluß der Auseinandersetzung mit der Bauernbewegung entstandene Forderung der Bodenentschuldung (und damit die Abschaffung des Grundpfanddarlehens), und der sogenannte Früchtekauf, der ihm als die gerechteste Form des Zinsnehmens erscheint.[35]

Abschließend soll auf den französisch-schweizerischen Reformator Johannes Calvin (1509-1564) eingegangen werden, der in der Auslegung der Zinsfrage im Gegensatz zu Luther und Zwingli eine abweichende Meinung vertrat. Zunächst einmal machte Calvin klar, dass die eine Säule des kanonischen Zinsverbotes bildenden, oben beschriebenen alttestamentlichen Stellen Gesetze für das jüdische Volk gewesen seien, die ihre wörtliche Gültigkeit nicht über alle Zeiten hinweg behalten könnten.[36] Zum anderen stand er aber auch unter dem Einfluß der wirtschaftlichen (Miss-) verhältnisse seiner Heimatstadt Genf, die die Versorgung der unteren Bevölkerungsschichten bedrohte. Zur Linderung dieser Knappheit sollte seines Erachtens die Geldwirtschaft einen produktiven Beitrag leisten.[37]

Auf der Grundlage christlicher Nächstenliebe zeigte sich Calvin als Befürworter des Wucherverbotes als Schutzgesetz zugunsten der Armen. Im Unterschied zu Luther und Zwingli hat Calvin jedoch zwischen Produktiv- und Konsumptivkrediten unterschieden. Diese Bemerkung ist insofern von Bedeutung, da die Heilige Schrift nach Ansicht Calvins im Bezug auf das Wucherverbot stets vom Konsumptivkredit spricht. In diesem

---

[33] ibd.
[34] ibd., S. 72
[35] ibd., S. 74
[36] Jünger, Gewinn im Himmel und auf Erden, S. 543
[37] ibd.

Fall sind Zinsen, gleichgültig in welcher Höhe, ein Raub an den Menschen und somit unrechtmäßig.[38]

Was jedoch das Gewähren von Produktivdarlehen betrifft, begab sich Calvin in fast schon einschneidende Opposition zu Luther und Zwingli. Das schon mehrfach erwähnte lukanische Gebot "Mutuum date, inde nihil sperantes" verbietet für Calvin nicht jegliches Zinsnehmen, ja, er wertete es sogar als fälschlicherweise in diese Richtung ausgelegt.[39] Zur Begründung fügt er an, dass es in der Bibel keine einzige Stelle gebe, die das Zinsnehmen per se verdammen würde und folgert daraus, dass Gott keineswegs den Gewinn als solchen verboten habe. Jeglicher Handel wäre dann seines Zweckes enthoben.[40]

Seiner bisherigen Einstellung zum Thema Wucher und Zinsverbot folgend, zeugt es von einer gewissen Konsequenz, wenn Calvin, wie von Ernst Ramp in seiner ausführlichen und guten Arbeit dargelegt, Zinsgeschäfte mit wohlhabenden Menschen ausdrücklich gutheißt. "Als berechtigten Zins bzw. Gewinn bezeichnet Calvin die gerechte Entschädigung dafür, dass der Gläubiger während der Zeit des Ausleihens keine Möglichkeit hatte, sein Eigentum für sich zu gebrauchen oder zu verkaufen, während dem Schuldner der Gebrauch und der Nutzen in dieser Zeit zur Verfügung stand."[41]

Abschließend bleibt zu bemerken, dass die drei etwas ausführlicher beschriebenen Reformatoren ihre Ausführungen bezüglich des Zinsverbotes nicht aus volkswirtschaftlicher Sicht vornahmen, sondern aus theologischer. Sie beurteilten die Zinsfrage von der Bibel aus, der Mensch stand für sie im Vordergrund. Das sie damit die allgemeine wirtschaftliche Entwicklung ihrer Zeit, die eine Aufhebung des Zinsverbotes immer dringlicher einfordert, nicht aufhalten konnten ist klar. Doch lieferten sie meines Erachtens durch ihre Argumentation einen wertvollen Beitrag zum Schutz des Einzelnen, der in der Folgezeit nicht ohne Einfluß geblieben ist.

---

[38] Ramp, Das Zinsproblem, S. 86
[39] ibd.
[40] ibd., S. 88
[41] ibd.

III. Teil

3.1 Schlusskommentar

In der Beurteilung der Bedeutungskraft und Anspruchshaltung des Zinsverbotes für die heutige Zeit gehen die Meinungen in der Forschung auseinander. Einer der Hauptkritikpunkte ist die von den meisten Verfechtern des kanonischen Zinsverbotes kaum vorgenommene Unterscheidung zwischen Zins und Wucher, zwei Begriffe die im Laufe der Zeit mit unterschiedlichen Definitionen sorgsam voneinander getrennt werden.

Manche Kritiker plazieren dagegen Vorwürfe, die einfach die (wirtschaftliche) Entwicklung der damaligen Zeit negieren wie beispielsweise Werner Lachmann, der das Zinsverbot als "typisches Beispiel falscher ethischer Schlußfolgerungen bei mangelhafter ökonomischer Theorie" bezeichnet. [42] Differenzierter und sehr viel ausführlicher geht hingegen Karel Hanke-Wehrle in seinem Beitrag mit dem Thema um. [43] Eine weitere Auseinandersetzung, die sehr konstruktiv mit den positiven Auswirkungen des Zinsverbotes findet sich bei Walter Gross.[44]

Ein Zinsverbot zum Schutz der Armen heute zu etablieren, dürfte schon aufgrund der Wettbewerbsfreiheit, die der sozialen Marktwirtschaft in der BRD zugrunde liegt, kaum möglich sein. Auf globaler Ebene ist die Diskussion (und Praxis) um den Schuldenerlass ein sicherlich wichtiges Signal, eine wirklich anhaltende wirtschaftliche Stabilisierung in den entsprechenden Ländern erfordert aber weitaus mehr, als der Erlass einiger Zinsmilliarden.

---

[42] Lachmann, Werner, Zinsverbot, in: H. Burkhardt (Hg.), Ev. Lexikon für Theologen und Gemeinde, Wuppertal 1994, S. 2211
[43] Wehrle-Hanke, Karel, Zins und Wucher – kein Thema für die theologische Ethik und Sozialethik der Gegenwart ?, in: J. Heil, B. Wacker (Hg.), Shylock ? Zinsverbot und Geldverleih in jüdischer und christlicher Tradition, München 1997, S. 281-301
[44] Gross, Walter, Sabbat-, Erlaß- und Jubeljahr und das Zinsverbot, Theologische Quartalsschrift, 1. Heft 2000, Tübingen 2000, S. 1-15

3.2 Literaturverzeichnis

Frost, Herbert, Kanonisches Zinsverbot, in: E. Fahlbusch u.a. (Hg.), Ev. Kirchenlexikon, Göttingen 1989, S. 934-935

Gross, Walter, Sabbat, Erlaß- und Jubeljahr und das Zinsverbot, Theologische Quartalsschrift, 1. Heft 2000, Tübingen 2000, S. 1-15

Jüngel, Eberhard, Gewinn im Himmel und auf Erden, Zeitschrift für Theologie und Kirche, Tübingen 1997, S. 532-552

Klein, Ernst, Deutsche Bankengeschichte Bd. 1, Von den Anfängen bis zum Ende des altes Reiches (1806), Frankfurt 1982

Kloft, Matthias Theodor, Das christliche Zinsverbot in der Entwicklung von der Alten Kirche zum Barock, in: J. Heil, B. Wacker (Hg.) Shylock ? Zinsverbot und Geldverleih in jüdischer und christlicher Tradtition, München 1997, S. 21-35

Lachmann, Werner, Zinsverbot, in: H. Burkhardt (Hg.), Ev. Lexikon für Theologen und Gemeinde, Wuppertal 1994, S. 2211

Landner, Josef, Das kirchliche Zinsverbot und seine Bedeutung, Graz und Wien 1918

Neumann, Max, Geschichte des Wuchers bis zur Begründung der heutigen Zinsgesetze (1654), Halle 1865, Nachdruck Leipzig 1965

Ramp, Ernst, Das Zinsproblem, Zürich 1949

Scherzer, Hans-Karl, Martin Luther, in: Klassiker des politischen Denkens, Bd. 1, München 2000

Schoppe, Siegfried, Kanonisches Zinsverbot und wirtschaftliche Entwicklung, in: G. Gutman, A. Schüller (Hg.), Ethik und Ordnungsfragen der Wirtschaft, Baden-Baden 1989, S. 157-174

Sohm, Walter, Die Soziallehren Melanchthons, in: Historische Zeitschrift Bd. 115, München und Berlin 1916, S. 64-76

Wehrle-Hanke, Karel, Zins und Wucher – kein Thema für die theologische Ethik und Sozialethik der Gegenwart ?, in: J. Heil, B. Wacker (Hg.), Shylock ? Zinsverbot und Geldverleih in jüdischer und christlicher Tradition, München, 1997, S. 281-301

Werner, Klaus, Das israelische Zinsverbot, in: J. Heil, B. Wacker (Hg.), Shylock ? Zinsverbot und Geldverleih in jüdischer und christlicher Tradition, München, 1997, S. 11-21